ESTAMPES

DE DIVERSES ÉCOLES

ET

FRANÇAISE DU XVIIIe SIÈCLE

PORTRAITS ORNEMENTS

Vente, Samedi 10 Avril 1858, Salle 3

EXPOSITION, VENDREDI 9 AVRIL

Me **DELBERGUE-CORMONT**, Commissaire-Priseur
M. **VIGNÈRES**, Marchand d'Estampes

PORTRAITS EN BISTRE.

Collection de Portraits inédits ou rares de Personnages célèbres

REPRODUITS NOUVELLEMENT PAR LA GRAVURE.

Publiés par VIGNÈRES, marchand d'Estampes,

Rue de la Monnaie, n. 13, à l'Entresol, entrée rue Baillet, n. 1.

ALBANY (Louise-Max. de Stolberg, comtesse d'),   Gravée par Varin.
AMOROS, colonel, fondateur de la gymnastique en France,   Id.
ARGOUT (Antoine-Maurice-Apollinaire, comte d'),   J. Porreau.
BABEUF (F.-N.-Gracchus), journaliste,   Id.
BARÈRE (Bertrand), de Vieuzac, conventionnel,   Id.
BEAUHARNAIS (comtesse Stéphanie de), poëte, romancière,   Sisco.
BERRUYER, général, commandant des Invalides,   J. Porreau.
BERTRAND DE MOLLEVILLE, marquis, ministre, littérateur,   Id.
BIÈVRE (marquis de), célèbre auteur de calembours,   Id.
BONJOUR (Casimir), auteur dramatique,   Id.
BOSSUT (Charles), mathématicien,   Id.
BRAZIER (Nicolas), auteur dramatique, d'après Marlet,   Id.
BRISSOT (J.-P.), de Warville, conventionnel,   Id.
CANCLAUX (J.-B. Camille, comte de), général, pair,   Id.
CAYLA (comtesse du), née Talon, d'après le bar. Gérard,   Massart.
COCHON, comte de l'APPARENT, conventionnel, ministre,   J. Porreau.
DEBUREAU, acteur des Funambules, Pierrot,   Id.
DE FERMONT (comte), député, conseiller d'Etat,   Id.
DEVIENNE, actrice, Théâtre-Français,   Normand.
DONADIEU, baron, général de division,   J. Porreau.
DORAT-CUBIÈRES PALMEZEAUX, poëte, auteur dramat.,   Id.
DROZ (Joseph), littérateur, académicien,   Id.
DUCHESNE aîné, conservateur du cabinet des estampes,   Id.
DUCOS (Roger), avocat, constitut., 3e consul provisoire,   Id.
ELIE DE BEAUMONT, avocat au parlement de Paris,   Devritz.
EMPIS (Adolphe), auteur dramatique,   J. Porreau.
EPAGNY (d'), poëte dramatique,   Id.
FABRE DE L'AUDE (comte), député, pair, littérateur,   Id.
FIEVÉE (J.), littérateur, auteur dramatique,   Id.
FRÉRON (Louis-Stanislas), conventionnel,   Id.
FROCHOT, comte, préfet, député,   Id.
GARNERIN (A.-J.), inventeur du parachute,   Id.
GARNERIN (Élisa), aéronaute,   Id.

GAUDIN, duc de Gaête, ministre des finances,	J. Porreau.
GENLIS (A. Brulard, comte de), cap. des gardes, convent.,	id
GEOFFROY (J.-L.), critique, journaliste,	id
GODOI (don Manuel), prince de la Paix,	Varin.
GOUFFÉ (Armand), chansonnier, vaudevilliste,	J. Porreau.
JOUFFROY (Théodore-Simon), professeur, académicien,	id.
JOSSELIN DE LASALLE, homme de lettres,	id.
KANT Emmanuel), philosophe allemand,	Bracquemond.
LAINÉ (J.-H., vicomte), ministre et académicien.	J. Porreau.
LAMBALLE (princesse de), des., d'ap. nature par Gabriel,	id.
LASOURCE (M.-David-Albin de), député du Tarn,	id.
MARAT, à la tribune, dess. d'après nature par Gabriel,	id.
MARTIN (Louis-Aimé), littérateur,	id.
MAZÈRES (Edouard), auteur dramatique, in-8 et in-4,	id.
MESMER, auteur du magnétisme animal,	id.
MÉZERAI, actrice, Théâtre-Français,	Normand.
ORLÉANS, duc de Montpensier (Ant.-Philippe d'), 1775-1807.	J. Porreau.
PERSUIS (L. Loiseau de), musicien, d'ap. Pierre Guerin,	id.
PETIET (Claude), député, ministre de la guerre,	id.
PHILIDOR (André-Danican), musicien, auteur du jeu d'échecs,	id.
PIXÉRÉCOURT (Guilbert de), fac-similé, d'après J. Boilly, in-4,	id.
PONGERVILLE (Sanson de), académicien,	id.
RAMEL NOGARET, ministre des finances, préfet,	id.
REVEILLÈRE-LEPAUX, botaniste, théophilanthrope,	id.
ROBERT LINDET, député, conventionnel, ministre.	id.
ROMME (Gilbert), conventionnel	id
ROUGET DE L'ISLE, auteur de la Marseillaise, musicien.	Varin.
SAINT-HURUGE (marquis de),	J Porreau.
SAINT-PRIX, acteur, Comédie-Française,	id.
SAINT-SIMON (Claude H., comte de), philosophe,	Perrot.
SILVAIN MARÉCHAL, poëte et littérateur,	Devritz.
TALLIEN (Mme, née Cabarus, d'après le baron Gérard,	Massard.
THIBAUDAU (J.-H., comte), député, ministre, etc.,	J. Porreau.
VADIER (A.), député aux Etats Généraux,	id.
VATOUT (J.), poëte, académicien, bibliothécaire,	Varin.
VIGÉE (L.-G.-B.-E.), poëte et auteur dramatique,	J. Porreau.
CARTOUCHE (Louis-Dominique), fameux voleur,	Lallemand.
MANDRIN (Louis), fameux contrebandier,	Delaistre.

Chaque portrait pouvant entrer dans un in-8 est tiré in-4
Avec la lettre, papier blanc, 1 fr.; papier de Chine, 1 fr. 25 c.
Avant la lettre, papier blanc, 1 fr. 50 c.; papier de Chine, 2 fr.
Dont il n'est tiré que 20 épr. blanc et 5 Chine.

Afin de faciliter les recherches des amateurs de portraits, soit pour les illustrations, soit pour les collections d'autographes ou autres, un *Catalogue détaillé* de quelques collections de portraits qui peuvent se trouver chez moi, classées par ordre alphabétique, sera remis aux personnes qui en feront la demande affranchie.

CATALOGUE
D'ESTAMPES
DES DIVERSES ÉCOLES
ALLEMANDE, FLAMANDE, ETC.,

ET PRINCIPALEMENT

École Française XVIII° Siècle,
PORTRAITS, ORNEMENTS
DONT LA VENTE AURA LIEU

HOTEL DES COMMISSAIRES-PRISEURS
RUE DROUOT, N° 5
SALLE N° 3, AU 1ᵉʳ

Le Samedi 10 Avril 1858.

Mᵉ **DELBERGUE-CORMONT**, Commissaire-Priseur,
rue de Provence, 8,

Assisté de **M. VIGNÈRES**, marchand d'Estampes, rue de la Monnaie, 13, à l'entresol, entrée rue Baillet, 1,

Chez lequel se distribue le catalogue,

EXPOSITION PUBLIQUE
D'UNE PARTIE DE LA VENTE

Le Vendredi 9 Avril 1858, de une heure à quatre heures.

—

1858

CONDITIONS DE LA VENTE

Elle sera faite au comptant.

Les acquéreurs payeront, en sus des adjudications, cinq centimes par franc, applicables aux frais.

DÉSIGNATION

DES ESTAMPES

1	**Aldegrever.** Son portrait à 28 ans. — 1530. — Seigneurs et dames, riches costumes. — Saint-Sébastien de Lucas de Leyde. 4 p.	3	
2	**Anonyme.** Porcie prête à manger des charbons ardents. Très-belle ép. avant toutes lettres et avant les armes.	1	
3	**Beham** (S.). Têtes d'homme et de femme, Mars, Jupiter, etc. 6 p.	1	50
4	**I.-B.**, 1529. Pièce allégorique, un Cœur est tourmenté par les tribulations. Jolie pièce.	2	25
5	**Bosse** (A.). La joie de la France, pièce historique sur la naissance du Dauphin, fils de Louis XIII.	10	
6	— Vierges sages. 2 p.	5	
7	— Le Printemps, les présents à la Mariée. 2 p. avec adresse de Leblond. Très-belles.	8	
8	**Boucher** (d'après). Vénus surprise par l'Amour. — Vénus couronnée par les Amours. 2 p. par *Bonnet* et *Demarteau*, imitation de dessins aux trois crayons	7	
9	— Bacchante couchée, vue de dos. Très-belle p. gracieuse au crayon rouge, marge.	7	50
10	— Diane et Actéon, gravé par Tardieu. Très-belle ép. avant toutes lettres, marges.	10	
11	— Sujets d'enfants, etc. 6 p.	4	

— 4 —

	3 50	12	La Courtisane amoureuse et autres pièces, d'ap. Lancret, etc. 5 p.
	5	13	**Braquemont**. Portrait de Daubigny, peintre.
	2	14	**Bry** (Théodore de). Le triomphe de la mort.
Vig 1 3	6	15	— La Fête de village. Belle ép.
	2	16	**Callot**. Exercices militaires et deux petites batailles. 15 p.
	1	17	— Varie figure Gobbi. 20 p.
	1	18	— La vie de l'Enfant prodigue. 11 p.
	1 50	19	— Les petites Misères de la guerre. 7 p.
	1	20	— Les martyrs des Apôtres. Suite de 15 p.
	1 25	21	— La vie de la Vierge. 13 p. — La Passion. 12 p. En tout, 26 p.
	0	22	— Emblèmes de la vie de la Vierge. 27 p.
	7	23	— Combat à la barrière. Suite de 10 p.
	1	24	— Histoire de Médicis. 7 p.
	2	25	— Les trois Pantalons et les sept Péchés capitaux. 10 p.
	0	26	— Les quatre Banquets. — Les Fantaisies. 15 p.
	1 50	27	— Le Brelan. — Le parterre de Nancy. 2 p.
	1 25	28	— Les vingt-quatre Martyrs. — Massacre des Innocents, la grande Passion, etc. 8 p.
	1 50	29	— Costumes, Misères de la guerre, etc. 15 p.
	//	30	— Le Jubilé et autres. 4 p.
	1	31	— Les Apôtres. Suite de 16 p. Copies.
V N/q	3	32	**Carmontelle**. Chauvelin tenant le livre de l'institution de la Société de Jésus, par Delafosse. 1762.
	4 75	33	— L'abbé de Neuville et Girard, ami de la famille, 1761. Rare.
V d/q	3	34	— (d'après). La malheureuse famille Calas, par Delafosse. Ép. toute marge.
	3 25	35	**Chardin**. La Gouvernante, par Lépicié.

Vienne 5

Conclusion ?

Visma 20

36 **Clermont.** Le Poète, le Peintre, le Sculpteur, le Musicien. 4 sujets d'enfants aux trois crayons. — 5 50

37 **Cochin.** Cérémonie du mariage du dauphin, avec beaucoup de figures costumées, 1745. — 2 75

38 — D'après **Slodtz.** Décoration de la salle de spectacle pour le mariage du dauphin. Grande et belle pièce avec un nombre infini de costumes. 1745. — 5 50

39 — D'après **Slodtz.** Décoration de la salle de bal, à l'occasion du même mariage, nombreuses figures avec charmants costumes. — 4 75 Vig

40 — (d'après). Concours pour le premier prix d'étude de têtes, par Flipart. — 2 75

41 **Courbé.** Vénus Pèlerine. — L'Amour volage. 2 jolies p., toute marge. — 2

42 **Coypel.** L'Amour ramoneur, jolie eau-forte du maître, avec quatre vers très-jolis. — 3 25

43 **Delaunay.** Madame de Graffigny. Sup. ép. avant la lettre; le nom de l'artiste à la pointe, marge. — 5

44 **Demarcenay.** Henri IV, d'après Janet. Belle ép. marge. — 1

45 **Demarteau.** Pastorale, d'ap. Boucher. — Tête de jeune fille, d'après Watteau. 2 p. aux trois crayons. — 6 50

46 **De Troy** (d'après). Dame et son enfant représentés, comme Vénus et l'Amour, dans une grande coquille formant char traîné par des colombes; gravé par S. Vallée. — 5 Vig

47 **Dietricy.** Le Remouleur. Superbe ép., 1er état, avant la plume au chapeau. — 19 Vig

48 **Durer** (Albert). Saint Simon. B. 49. — 3 50

49 — Saint Paul. B. 50. — 2 50

50 — Saint Christophe à la tête retournée. B. 51. — 5

— 6 —

4	25	51	**Dyck** (d'après Van). Ernestine, princesse de ligne. 1re ép. gravée par M. Natalis.
3		52	— Ch. Em. de Savoie. — F. Vander, etc. 2 p.
Vy 10		53	**École Italienne**. Emblêmes. 20 p.
2		54	**Ficquet**. La Mothe le Vayer. Très-belle ép.
1		55	— Crébillon. Belle ép., marge.
1	75	56	— Jean-Joseph Vadé. Belle ép.
4	50	57	**Flipart**, 1762. Madame Favart. Très-belle épr. marge. Joli portrait.
4		58	**Gaultier** (L.). Nicolas-Abraham de la Framboisière, médecin du roi. Belle ép.
2		59	— Mariage de la Vierge, titre; Histoire de la paix, avec le portrait d'Henri IV, etc. 4 p.
9		60	**Goltzius**. Le Christ mort sur les genoux de la Vierge. Belle ép.
Hay 13		61	**Grandville**. Les fables de Lavalette. 21 pièces à l'eau-forte.
1	75	62	**Greuze** (d'après). La Laitière, gravée par Levasseur. Rare, marge.
4	25	63	— La petite Nanette, par Beljambe. Très-belle ép. d'une jolie pièce. Rare.
3	75	64	— L'Amour. — Prière à l'Amour. 2 p. faisant pendant; médaillons entourés de roses.
3	75	65	— La Fille confuse, par Ingouf, avant la dédicace.
3	25	66	— La Paresseuse, par Moitte. Très-belle épreuve avant la lettre.
2	25	67	— Le petit Frère, la petite Sœur, mort de Marie-Madeleine, Ne l'éveille pas, etc. 5 p.
1	25	68	— Le Donneur de sérénade, la jeune Nourrice, Calisto, etc. 4 p.
5		69	— La malédiction paternelle, jolie petite pièce et autres. 2 p.

Berard 26

Chardard 12

15	La fête de village		6	
32	Carmontelle Chauvelin		3	
34	" Calas	Comberousse	3	
39	Holtz Salle de Bal		4	75
46	De Troy Dame	Comberousse	5	
47	Dietricy	De Wismes	19	
53	Emblèmes 20 p	Bérard	10	
61	Grandville	Chardard	13	
71	La Curieuse		2	
96	Nanteuil Carolinau		2	50
97	" ménage	Soleil	19	
102	Pater Courtisane	Martin	3	
103	" Cucumbatten	Martin	5	
108	Pompadour Jacques	Comberousse	8	
123	Rembrandt J. L. au tombeau		10	
146	Troost Ulric		2	
150	Le champ de Mars		1	2
164	Watteau Spectacle franç	Comberousse	4	
169	Laroque	Dumesnil	15	
171	pour nous prouver que nutritele		4	
			139 5	
			7 0	
			146 70	

70	**H. c B**. Vierge et Jésus tenant une pomme; elle est assise; à ses pieds se trouvent un lapin, et un singe au coin à droite en bas, est attaché à un anneau qui se trouve au milieu; au fond des grands monuments d'une ville fortifiée. Sup. ép.	29
71	**Imbert** (d'ap.) La Curieuse, par Letellier, jolie pièce gracieuse, grande marge.	2 Vrg
72	**Jeaurat** (d'après). L'exemple des mères, par Lucas. Sup. ép., charmant costume.	3
73	— Naissance de Vénus, par Aubert.	2 75
74	**Laer** (P. de). Les Chèvres. B. 5.	0
75	**Lainder** de Toulouze. Scènes et jeux d'enfants. 6 p.	1 50
76	— et autres. Contes de Lafontaine, etc. 4 p.	1
77	**Lancret** (d'après). L'Enfance, l'Adolescence, la Jeunesse, la Vieillesse. 4 p. par de Larmessin.	18 50
78	— Le Matin. — L'après-Dîner. 2 p.	2
79	— La Musique champêtre. Sup. ép. par Fessard.	5
80	**Lasne** (Michel). Le révérend père Bernard. Ep. avant le titre (Coll. Rob. Dumesnil.)	1
81	— Jean Ballesdens, avocat.	1 75
82	— André-Justinien Bassani (Coll. R. D.)	2 75
83	**Lawreince**. Qu'en dit l'abbé. Ancienne ép.	2 50
84	**Lebarbier**. Le Mari dupe et content. Épreuve avant toutes lettres.	9 75
85	**Lepeintre** (d'après). Amusements de la balançoire au jardin, jolie pièce à l'eau-forte. — La même, terminée avec beaucoup de changement. 2 p.	3 25
86	**Littret**. Favart, poète, d'ap. J.-E. Liotard, joli portrait. Très-belle ép., marge.	3 50
87	**Massard** (Jean). Charles Ier et sa famille, d'après Van-Dyck. Belle ép.	3

33		88	**Mecken** (Israel de). La Nativité. B. 6. Belle ép.
1	50	89	**Mellan**. David, les Satyres, etc. 4 p.
2		90	**Migneret**. Molière consultant sa servante, d'apr. H. Vernet. — Molière mourant, d'ap. Vaflard. 2 p. Lettres grises
1		91	**Monnet** (d'ap.). Salmacis et Hermaphrodite. Ep. toute marge.
3	25	92	**Moreau** le jeune. Betsabé au bain, d'après Rembrandt. Très-belle ép. avant la lettre.
4	25	93	— Vignettes pour divers ouvrages. 12 p.
1		94	**Morland** (D'ap.). Scènes de la vie d'une jeune fille, XVIII° siècle. 6 p.
1		95	**Nanteuil**. Les quatre Évangélistes. R. D. 7.
Voy 2	50	96	— Castelnau, maréchal. R. D. 58.
Voy 19		97	— Ménage superbe Ep. marge. R. D. 188.
2		98	— Perefixe. R. D. 212. Avant-dernier état.
2		99	— Poncet. R. D. 216. Très-belle ép. 2° état.
1		100	— Sarrazin. R. D. 220.
5	50	101	**Nattier** (d'après). Madame de *** en Flore. Très-belle ép. toute marge, gravée par Voyez le jeune.
Voy 9		102	**Pater** (d'après). La Courtisane amoureuse, par Filœul. Jolie p. (Conte de La Fontaine.)
Voy 5		103	— Le Cocu battu et content, par Filœul. Belle ép. (Conte de La Fontaine.)
3		104	**Penez** (Georges). Regulus, Virginius, Joseph, etc. 6 p.
2		105	— Achille et Chiron. — La Résurrection. 2 p.
2	50	106	**Perelle**. Vues de Paris et la France. 12 p.
4		107	**Pesne**. Nicolas Poussin. Belle ép.
Voy 8		108	**Pompadour**. (M°° de). Jacquot, tambour-major du régiment du roy. Superbe ép. toute marge. Portrait rare.
2		109	— L'Aurore. Jolie vignette.

Sol 20

Martin 15
Martin 15

ones 8

110 — L'Automne. Jolie composition bacchanale, d'après une sculpture en ivoire.	2	75
111 — Naissance du duc de Bourgogne. — Alliance de l'Autriche à la France. 2 p.	2	25
112 **Portraits**. Acteurs et actrices. 12 p.	2	75
113 **Prudhon**. Son portrait étant jeune, gravé par son fils. Très-belle ép. Rare.	7	50
114 — Aminta, Abrocome et Anzia. 2 très-jolies pièces gravées par Roger. Belles ép.	3	
115 — Petites allégories : l'Étude, les Beaux-Arts. 5 p.	1	
116 — Vignettes pour J.-J. Rousseau (Héloïse). 5 p.	1	75
117 **Queverdey**? Lafayette commandant la garde nationale parisienne. Charmant petit portrait gravé en couleur. Sup. ép. toute marge.	2	25
118 **Rembrandt**. Abraham caressant Isaac. B. 33.	1	25
119 — Abraham et son fils Isaac. B. 34.	1	25
120 — Joseph et la femme de Putiphar. B. 39.	1	75
121 — Jésus et la Samaritaine. B. 71.	4	25
122 — Le Christ en croix. B. 80.	2	
123 — Transport de Jésus-Christ au tombeau. B. 84.	10	
124 — Pierre et Jean à la porte du temple. B. 94.	2	
125 — Les Musiciens ambulants. B. 119.	1	25
126 — Vieillard à grande barbe. B. 290.		
127 — Buste de la mère de Rembrandt. B. 349.	1	75
128 **Saint-Aubin** (Aug.). Delarive, acteur. Belle ép.	1	
129 — Necker. Très belle ép. État avant que la bordure soit enlevée. Marge.	2	75
130 **Savart** (Mlle). Louis XVI, roi de France.	5	
131 **Savart**, Mme Deshoulières. Belle ép. Grande marge.	5	
132 **Schongauer** (Martin). Le Baptême de Jésus-Christ dans le Jourdain. B. 8.	9	
133 — La Vierge, assise sur un siége de gazon, tenant une pomme. B. 80.	15	50

1		134 **Schuppen** (Van). Verjus, théologien.
3	25	135 **Silvestre** (J). Vues d'Italie. 8 p.
2	75	136 — Vues de France, etc. 9 p.
8		137 — (D'après). Les Églises d'Italie. 12 p.
3	25	138 **Smith**. Marie-Antoinette, reine de France. Joli portrait en manière noire.
1	25	139 **Stephanus** (Et. de Laulne, Virgile Solis). 9 p.
2		140 **Tempeste**. Album de 36 batailles, avec texte.
2		141 **Teniers** (d'après). 6 pièces diverses.
1	50	142 — Intérieur de grange à l'eau-forte.
7		143 **Tiepolo** (Dominique). Plafonds et autres. 11 p.
1		144 **Tresca** et autres. Les quatre Saisons.
2		145 **Treu** (Martin). Danseurs de noces, la Bataille pour la culotte, Turcs. 5 p.
2		146 **Troost** (d'après). Le capitaine Ulric, ou l'Avarice dupée, par Houbraken. Très-belle ép.
		147 **Vermeulen**. Portrait de Nicolas van der Borch.
8	50	148 **Vignettes**. Les Métiers, avec costumes de femmes, époque Louis XVI. 60 pièces.
5	50	149 **Vorsterman** (Jean), comte de Nassau. Belle ép.
1	25	150 **Vues**. Le Champ-de-Mars pendant la Fédération.
		151 — Cathédrales de Reims et de Rouen.
3	75	152 — Par Rigaud et autres. 10 p.
9	50	153 **Watteau** (d'après), par B. Audran. L'Amour désarmé. Belle ép.
4		154 — — Le Rendez-Vous. Charmante pièce. Belle ép.
9		155 — — Retour de la chasse (portrait de Mme de Vermanton en pied). Belle ép., marge.
2	75	156 — Bos (J. Renard du). La Sainte Famille.
2		157 — Boucher. Pastorale, en hauteur.
2	75	158 — — Paysages. Belles épreuves. 6 p.
3	50	159 — Cars. Escorte d'équipages. Belle ép., marge.
5		160 — Cochin. Camp volant. Belle ép., marge.

161 — — Retour de campagne. Belle ép., marge. 3 50
162 — — Détachement faisant halte. Belle ép. Marge. 3 25
— Les Délassements et Fatigues de la guerre, par Crépy et Scotin. 3 p.
163 — *Crépy*. Collation champêtre, L'Aventurière. 2 p. 4 25
164 — *Dupin*. Spectacle français. Pièce rare. 4 Vig
165 — *De Favannes*. Les Agréments de l'été. Sup. ép. d'une jolie p. Rare. 5
166 — *Fessard*. Les Enfants de Bacchus. Très-belle ép., marge. 7
167 — *Huquier*. L'innocent badinage. Panneau arabesque. 3 25
168 — *Larmessin*. Louis XIV attachant le cordon à M. de Bourgogne. Très-belle ép., marge. 10 50
169 — *Lépicié*. Antoine de la Roque assis dans un paysage allégorique. Très-belle ép. Marge. 15 Vig
170 — *Scotin*. Les Plaisirs du bal. Grande pièce. 10
171 — *Surugue*. Pour nous prouver que cette belle. Concert. Jolie pièce. 4 Vig
172 — *Tardieu*. La Proposition embarrassante. Très-belle ép., marge. 6 50
173 — *Thomassin* fils. Sous un habit de mezetin, etc. 3 50
174 **Watteau** fils. Un Baiser, ou la Rose. Ép. avant toute lettre. 2 25
175 **Ornements** de Boucher, Ducerceau, Lalonde, Watteau, etc. 11 p. 5
176 — Cartouches avec figures. 6 p. 3
177 — Plafond, rampes, serrureries. 10 p. 2
178 **Albert** (Chérubin). Orfévrerie, couteaux. 2 p. 2
179 **Babel** et Moreau. Élévations d'autels. 11 p. 3 75
180 **Bernin** Panneaux, cheminées, etc. 6 p. 7 50
181 **Cauvet**. Frise et panneau avec Vénus et l'Amour. 3 p. 4 25

182 **Fanelli**. Fontaines et jets d'eau des plus beaux lieux de l'Italie. 18 p.
183 **Guyot**. Arabesques. 28 p.
184 **Houdan**. Vases. 6 pièces.
185 **La Bella** (par et d'après). Vases, frises, écran. 8 p.
186 **Lafosse**. Attributs divers. 23 p. 4 lots.
187 **Lajoue** et Cuvillier. Fontaines. 4 p.
188 **Leclerc**. Plafond de la salle d'un hôtel, à Stockolm.
189 **Lepautre**. Vases et burettes. 4 p.
190 — Voiture, frises, panneaux. 6 p.
191 - Miroir, console, etc. 4 p.
192   Vases avec figures. 6 p.
193 — Chaise à porteur, vase, cadre, bénitier. 4 très-belles p.
194 **Marot** (Daniel). Cheminées. 6 p.
195 — Vases très-riches. 2 p. Rares.
196 **Molthey**. Trophées, attributs. 6 p. A la sanguine.
197 **Toro**. Vases. 6 pièces.
198 **Watelet** et autres. Vases. 8 p.
199 **Catalogues** des ventes du baron de Vèze, Vanden Zande, École française xviiiᵉ siècle, His de la Salle, Thibaudeau, avec les prix et noms des acquéreurs; pourra être divisé.
200 Sous ce numéro seront vendus les lots omis et non catalogués.

RENOU et MAULDE, Imprimeurs de la Compagnie des Commissaires-Priseurs
rue de Rivoli, 144

www.ingramcontent.com/pod-product-compliance
Lightning Source LLC
Chambersburg PA
CBHW060639050426
42451CB00012B/2679